La FOCA PERDIDA

Por Diane McKnight

Illustrado por Dorothy Emerling

El Valle Taylor es un valle frío, seco y ventoso de la Antártida. Allí, los pequeños glaciares se unen con campos de arena gris y rocas de formas extrañas, y con corrientes que se desplazan desde los glaciares hasta los lagos congelados en el fondo del valle.

El Valle Taylor es uno de los muchos valles del gran desierto de la Antártida, que ahora se conocen como los valles secos de McMurdo, situado en las montañas Transantárticas. Estas montañas están casi sepultadas por el hielo, y se extienden por todo el continente, y separa a la capa de hielo de la Antártida Oriental de la capa de hielo de la Antártida Occidental.

INDIAN OCEAN

OCEAN

ENDERBY LAND

UD LAND

PLATEAU

EAST ANTARCTICA

SCOTT BASE AND McMURDO STATION

WILKES LAND

VICTORIA LAND

McMurdo Dry Valleys

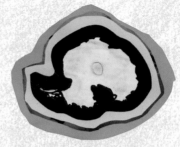

Sophie, Orange,
New South Wales, Australia.

Elena, Madison, Wisconsin, USA.

En 1903, el explorador y capitán Robert Scott, junto con dos miembros de su expedición llamada "Descubrimiento", se encontraron con el valle cuando iban camino de regreso a su campamento en la isla de Ross. Dejaron su equipo y demás suministros en un trineo en el glaciar y caminaron hacia el valle.

No encontraron señales de vida, sólo el cuerpo momificado de una foca. ¿Cómo llegó hasta allí? era un gran misterio. En su diario, el capitán Scott describió el inusual paisaje como el "Valle de los Muertos."

Soonhyun, Madison, Wisconsin, USA.

Alkira, Leongatha, Victoria, Australia.

Katie, Columbus, Ohio, USA.

El capitán Scott no se dio cuenta de otras formas de vida en los valles secos porque no sabía dónde buscar. Diminutos organismos pueden estar ocultos por el hielo y rocas. Algunos son tan pequeños que sólo se pueden ver a través de un microscopio.

McMurdo Station

6

Hoy en día, la cabaña del capitán Scott todavía se puede ver en Hut Point, en la isla de Ross. La estación McMurdo y la Base Scott están cerca. Cada verano, muchos científicos llegan a los valles secos de McMurdo. Algunos científicos desean entender cómo puede sobrevivir vida alguna en un ambiente tan hostil y frío, como en los valles secos de McMurdo.

Anessa, Boulder, Colorado, USA.

Carolina, Puntas Arenas, Chile.

Scott Base

Muchos científicos que trabajan en los valles secos todavía se preguntan acerca de la foca momificada. El capitán Scott debió haber visto a uno de los cuerpos momificados de las focas Weddell y cangrejeras las cuales hoy en día se encuentran comúnmente en el valle Taylor. Estas focas se arrastraban por el hielo y a través del valle, a muchas millas de sus hogares y murieron hace tiempo.

Diane, una científico que estudia lagos y arroyos,
le gusta contar la verdadera historia de un
acontecimiento extraordinario que sucedió en 1990.
En un día claro, frío y soleado a finales de diciembre,
Diane y su equipo de científicos encontraron mucho
más de lo que jamás hubiesen esperado. Encontraron
a una foca—¡y estaba viva!

Los científicos habían llegado a los Valles Secos para estudiar la vida microscópica. En los arroyos, las algas y las bacterias forman capas finas. En los oscuros suelos arenosos, crecen sobre los granos de arena. Pequeños gusanos rizados, llamados nematodos, viven en un estado latente y reviven sólo cuando hay un poco de humedad. Incluso en los glaciares, las algas y las bacterias crecen en pequeñas bolsas de agua, llamadas agujeros de crioconita. En el fondo de los lagos, escondidos debajo del hielo, musgos y algas pardas forman capas marrones de esterillas esponjosas que cubren la superficie. Estaban tan acostumbrados a pensar en la vida microscópica que el encontrarse con una foca viva fue tan sorprendente, ¡que es como si hubieran ido a la playa a recoger caracoles y se hubiesen encontrado con una ballena varada en la arena!

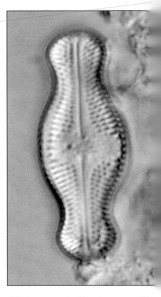

Diatom — *Luticola gaussii*

Nematode — *Scottnema*

10

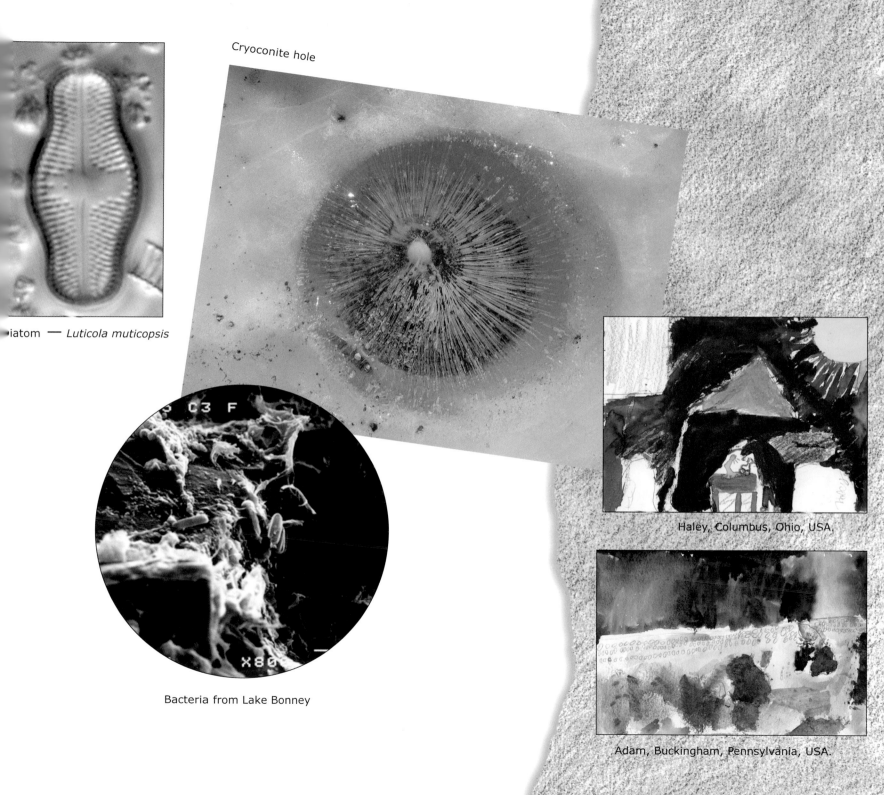

iatom — *Luticola muticopsis*

Cryoconite hole

Bacteria from Lake Bonney

Haley, Columbus, Ohio, USA.

Adam, Buckingham, Pennsylvania, USA.

11

Unos días antes, los científicos habían estado recogiendo muestras de agua del "Canada Stream" y habían notado un rastro en la nieve que parecía haber sido hecho por alguien arrastrando una pesada bolsa moviéndola de un lado a otro. ¡No había huellas!

Emilia, Puntas, Arenas, Chile.

Brontis, Recreco, Chile.

Nicole, Puntas Arenas, Chile.

13

Varios días después, Dan, el cocinero del campamento, estaba tan curioso que siguió el inusual rastro que zigzagueaba de un lado a otro. Entonces, encontró a la foca. Regresó al campamento y el resto del equipo se apresuró para ver por sí mismos. Todo el mundo estaba muy emocionado, pero también se sentían un poco tristes. La foca estaba comiendo nieve para obtener agua y se veía cansada. Todos sabían que debía estar hambrienta.

Dayanne, Recreo, Chile.

Deybi, Recreco, Chile.

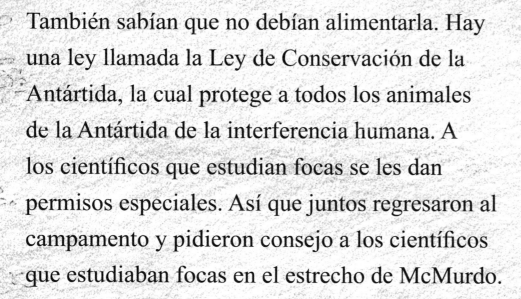

También sabían que no debían alimentarla. Hay una ley llamada la Ley de Conservación de la Antártida, la cual protege a todos los animales de la Antártida de la interferencia humana. A los científicos que estudian focas se les dan permisos especiales. Así que juntos regresaron al campamento y pidieron consejo a los científicos que estudiaban focas en el estrecho de McMurdo.

Amanda, Pacifica, California, USA.

A diferencia de los Valles Secos, muchos animales viven en el estrecho de McMurdo. Los científicos a quienes pidieron consejo estaban estudiando focas y cangrejeras de Weddell, las cuales nadan a través de grietas en el hielo marino para alimentarse de los peces que nadan por debajo. Los pinguinos Emperador y Adelie nadan por los bordes del hielo para

Emperor Penguin

Adelie Penguin

ir a pescar y criar a sus polluelos en grandes colonias, en la costa de la isla de Ross.

Las focas y los pingüinos son cazados por las focas leopardo. Cuando el hielo marino se rompe en el verano, las orcas llegan para cazar.

Javiero, Recreco, Chile.

Killer Whale

Leopard Seal

17

Al día siguiente, tres científicos de focas llegaron al campamento e identificaron a la foca con una marca en la aleta de su cola. La foca perdida era una foca macho de Weddell de un año de edad que había sido etiquetada cuando era cachorro. Los científicos explicaron que se trata de un comportamiento natural en las focas machos jóvenes quienes se alejan en busca de un nuevo hogar. Midieron exactamente cuánto medía, tomaron una muestra de su sangre y pintaron una franja naranja en su espalda para que fuese más fácil encontrar a la foca el siguiente verano.

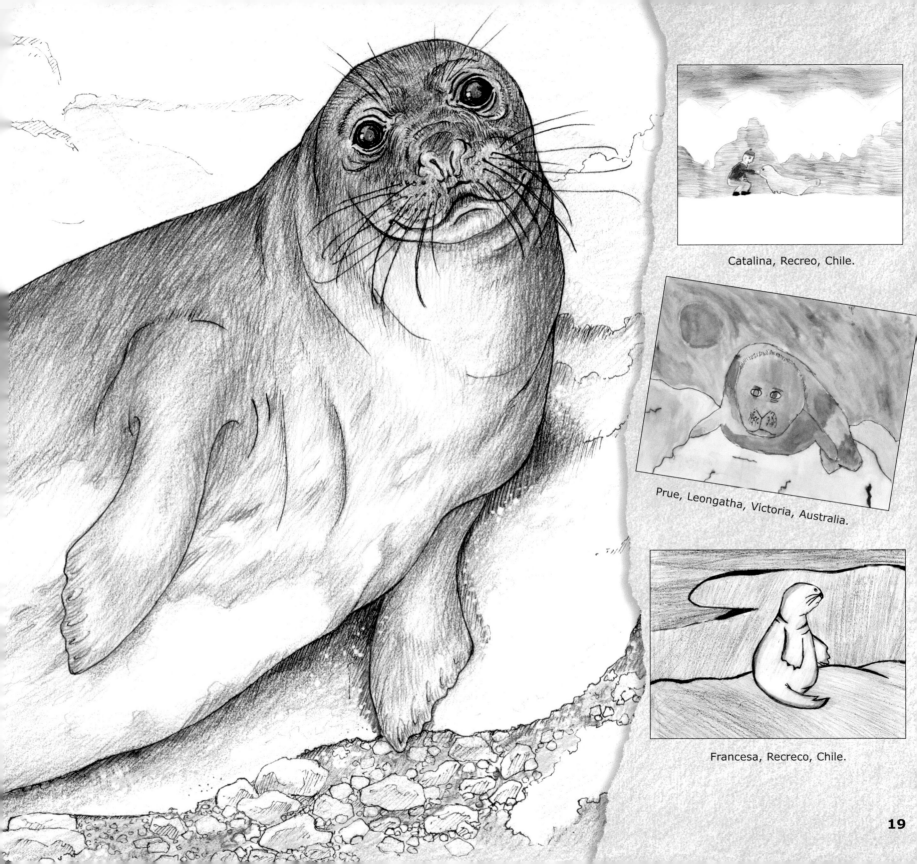

Catalina, Recreo, Chile.

Prue, Leongatha, Victoria, Australia.

Francesa, Recreco, Chile.

19

Los científicos sabían que la foca no sobreviviría al invierno.
Cuando el sol no sale, el frío puede llegar a hasta -40 ° C. Los
fuertes vientos, llamados vientos catabáticos, descienden en el
invierno por la capa de hielo de la Antártida Oriental, soplando a
una velocidad que puede alcanzar hasta 140 millas por hora.

La arena arrastrada por el viento desgasta las rocas y las hace suaves. Algunos de estas ventifactos son moldeadas por el viento y llegan a parecer grandes trozos de queso o mesas y bancos, la creación de un buen lugar de picnic en la Antártida.

Melanie, Columbus, Ohio, USA.

Paige, Columbus, Ohio, USA.

21

Después de que los científicos de foca regresaron a McMurdo
Sound, los científicos tuvieron que regresar a su trabajo.
En verano, el sol nunca se pone y la temperatura promedio
está por debajo de cero, lo suficientemente caliente como
para el hielo del glaciar se derrita por el sol. A veces el agua
derretida de los glaciares desciende y rugiendo por los cauces

fluviales y se almacena en los lagos, pero a veces las corrientes son sólo gotas de agua. Debido a que era un día soleado, el caudal estaba alto y debían tomarse medidas importantes.

El equipo de investigación en los Valles Secos entiende se debe dejar que las focas sigan su propio camino, pero se sentían incómodos y se preguntaban dónde estaba.

Jorjah, Orange, New South Wales, Australia.

Kate, Boulder, Colorado, USA.

Megan, Columbus, Ohio, USA.

Harrison, Orange, New South Wales, Australia.

Dos días más tarde, un miembro del equipo de helicópteros descubrió que la foca perdida había llegado al campamento, ¡bromeaba que la foca debió haber olido la cena de hamburguesas con queso! Todo el mundo estaba asombrado y sabía que el campamento no era un hogar adecuado para una foca perdida con hambre. Llamaron nuevamente a la Estación McMurdo. Se llegó a una decisión de llevar a la foca perdida de vuelta al hielo marino -su hogar natural.

El jefe de la tripulación de un helicóptero dejó una red de carga cerca para hacer una carga en eslinga. Colocaron un gran pedazo de madera en la red la cual cubrieron con mantas del ejército. Condujeron a la foca en dirección a las mantas, y la ataron.

Ricardo, Puntas Arenas, Chile..

Renata, Puntas Arenas, Chile.

Javier, Recreo, Chile.

25

Una ancha cuerda de color naranja
con un lazo en el extremo, llamado
un colgante, se adjunta a la parte
inferior del helicopter y ésta va colgando
mientras el helicóptero se desplaza. ¡El
helicóptero levantó la carga en eslinga y la foca
fue trasladada a New Harbor! El vuelo debió haber sido
una gran aventura para la foca! El piloto colocó a la carga
en eslinga cerca de otras focas de Weddell y aterrizó el
helicóptero cerca. La foca perdida estaba tan ansiosa de

llegar al hielo marino que empujaba su cabeza fuera de la red, y casi se enredó en un nudo.

¡Finalmente estaba libre! La foca comenzó a comer nieve tan rápidamente como podía. Cuando el helicóptero despegó, el equipo esperaba ansisoso de ver que la foca perdida comenzara a capturar peces bajo el hielo marino, en lugar de buscar las hamburguesas con queso en el campamento.

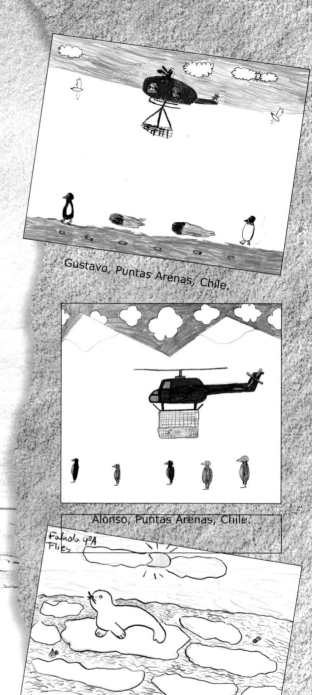

Gustavo, Puntas Arenas, Chile.

Alonso, Puntas Arenas, Chile.

Fabiola, Puntas Arenas, Chile.

27

Más tarde, el equipo de Diane decidió darle nombre a los arroyos que estaban estudiando. Tener un nombre les ayudaría a mantener un registro de todas las mediciones realizadas por los instrumentos en cada estación de aforo.

Al conocer la velocidad de un flujo, es posible conocer la cantidad de agua que fluye hacia el lago cada verano. Por cada flujo, aproximadamente 5.000 a 10.000 mediciones se registran cada verano y luego se suman todas estas mediciones.

Joanne, Columbus, Ohio, USA.

Tom, Erie, Pennsylvania, USA.

Gizem, Madison, Wisconsin, USA.

Hay reglas para nombrar lugares en la Antártida. Los nombres pueden describir un lugar determinado, o puede ser elegido para honrar a las personas que han trabajado allí, o para conmemorar un acontecimiento allí ocurrido. El equipo de Diane decidió nombrar un arroyo que desemboca en el lago Fryxell; Arroyo de la Foca Perdida.

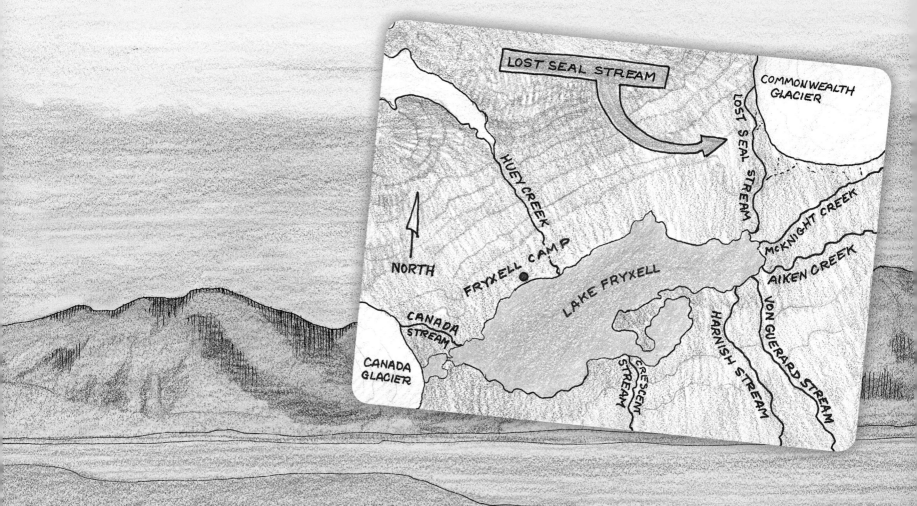

Este nombre se celebra el primer encuentro registrado de los seres humanos y una foca viva en los Valles Secos. Hoy en día cualquier persona puede utilizar su mapa para encontrar al Arroyo de la Foca Perdida e imaginar la aventura del sello perdido.

Chelsea, Leongatha, Victoria, Australia.

Amy, Arbury,
Cambridge, England.

The LOST SEAL

Published by Taylor Trade Publishing

An imprint of The Rowman & Littlefield Publishing Group, Inc.

4501 Forbes Boulevard, Suite 200, Lanham, Maryland 20706

www.rowman.com

Unit A, Whitacre Mews, 26-34 Stannary Street, London SE11 4AB

Distributed by NATIONAL BOOK NETWORK

Text Copyright © 2006, 2015 by Diane McKnight

Illustrations Copyright © 2006, 2015 by Dorothy Emerling

All rights reserved. No part of this book may be reproduced, stored in a retrieval system, or transmitted, in any form or by any means, electronic or photocopy or otherwise, without the prior written permission of the publisher, except by a reviewer who may quote passages in a review.

Library of Congress Cataloging-in-Publication Data Available

International Standard Book Number:

ISBN: 978-163076-254-4

The paper used in this publication meets the minimum requirements of American National Standard for Information Sciences—Permanence of Paper for Printed Library Materials, ANSI/NISO Z39.48-1992.

Printed in the United States of America

To my husband Larry and our daughters Rhea and Ariel.
—DM
To Paul for his steadfast support.
—DE

Acknowledgements

Thanks to the following schools for their participation in this project:

- Arbury Primary School, Carton Way, Cambridge, UK
- Beatrice Rafferty School, Pleasant Point (Sipayik), ME, USA
- Belle Valley School, Erie, PA, USA
- Bixby School, Boulder, CO, USA
- Bluffsview Elementary School, Columbus, OH, USA
- Buckingham Elementary School, Buckingham, PA, USA
- Corbridge Middle School, Northumberland, UK
- Creative Environment Day School, Fayetteville, NY, USA
- Escuela Jose Manuel Balmaceda, Recreo, Chile
- Flossmoor Montessori School, Flossmoor, IL, USA
- Granby Elementary School, Columbus, OH, USA
- The German School of Puntas Arenas, Puntas Arenas, Chile
- Kapanui School, Waikanae, Christchurch, New Zealand
- King's Highway Elementary School, Clearwater, FL, USA
- Kinross Wolaroi Preparatory School, Orange, NSW, Australia
- Lanikai Elementary School, Kailua, Hawaii, USA
- Lee St. Primary School, Carlton North, Victoria, Australia
- Leongatha Primary School, Victoria, Australia
- Liberty Elementary School, Columbus, OH, USA
- Margate Primary School, Tasmania, Australia
- New South Wales Primary School, Yarramundi, NSW, Australia
- Ocean Shore School, Pacifica, CA, USA
- Qinnguata Atuarfia School, Kangerlussuaq, Greenland
- South Hornby School, Hornby, Christchurch, New Zealand
- Shorewood Elementary School, Madison, WI, USA
- Tarras School, Central Otago, New Zealand
- Winner Education, Cangshan, Fuzhou, China

This material is based upon work supported by the National Science Foundation under grant no. DEB1346857. Any opinions, findings, and conclusions or recommendations expressed in this material are those of the author and do not necessarily reflect the views of the National Science Foundation.

 About the Long Term Ecological Research (LTER) Network (lternet.edu)

The LTER network is a large-scale program supported by the National Science Foundation. It consists of 25 ecological research projects, each of which is focused on a different ecosystem. The goals of the LTER network are:

UNDERSTANDING: To understand a diverse array of ecosystems at multiple spatial and temporal scales.

SYNTHESIS: To create general knowledge through long-term interdisciplinary research, synthesis of information, and development of theory.

INFORMATION: To inform the LTER and broader scientific community by creating well-designed and -documented databases.

LEGACIES: To create a legacy of well-designed and -documented long-term observations, experiments, and archives of samples and specimens for future generations.

EDUCATION: To promote training, teaching, and learning about long-term ecological research and the Earth's ecosystems, and to educate a new generation of scientists.

OUTREACH: To reach out to the broader scientific community, natural resource managers, policymakers, and the general public by providing decision support, information, recommendations, and the knowledge and capability to address complex environmental challenges.